Jana & Jürgen

TAGESdosen & pfandZeiten

Gedichte

Edition Zweiklang

Originalausgabe   1. Auflage 2012
                   30 Exemplare

Copyright 2012 Jana Ramm & Jürgen F. Weißleder
Alle Rechte vorbehalten

Gestaltung:
Umschlag   – Conny Niehoff
Illustrationen – Anita Guske

Herstellung und Verlag:
BoD - Books on Demand, Norderstedt
ISBN 978-3-8482-5437-8

Gute Dosis, gute Tage

Warum Tage keinen Rezepten folgen:

Eigentlich können wir die Tage nicht stoppen.
Wir sind Bestandteil der Tage und können sie wahrnehmen,
gestalten oder uns von ihnen treiben lassen.
Jana hat ihre (An)Sprache gefunden, sie hat mit dem
alltäglichen Grau einen Deal gemacht.
Weil sie jeden Tag durch den Tag muss.
Weil er sich jeden Tag anders darbietet.
Weil sie Schnittstellen immer wieder neu erfühlen kann.
Weil sie diese wach erlebt und ihre kleinen Kunstwerke davon
berichten, wie aus dem Grautag immer wieder ein besonderer
Tag werden kann. Alles packt sie in ihre Rezepte, die es als
„Man nehme und …“ nicht gibt.
Ihre Liebe zur Natur, ihren Hang zur Romantik, die Freude an
der Musik (die sie auf dem Weg zur Arbeit hört) und auch ihre
Unzufriedenheit, wenn der neue Tag mal kein Sonnenlachen
präsentiert, sind für jeden Leser erlebbar.
Mit wenigen Gedichten habe ich versucht hier und da
individuelle Kontrapunkte zu setzen.
Dieser Band ist die konsequente Fortsetzung
von „ZWEItakt & gleichKLANG“ und möchte neue Facetten
und Schreibergebnisse vorstellen, die zwei Freizeitpoeten in
kurzer Zeit abgeliefert haben.
Halten Sie mit Jana und mir Ihrem Alltag diesen kleinen
Gedichtspiegel vor und schauen Sie, was passieren kann.
Wir können Ihnen nichts versprechen, aber nach der letzten
Seite beginnen Sie garantiert erneut unsere TAGESdosen zu
öffnen.

Potsdam, 2012; die Autoren Jana Ramm & Jürgen F. Weißleder

UND wenn

Wenn heut auch kaum die Sonne scheint
wenn allerorts der Himmel weint
fühl' ich mich trotzdem frühlingsfrisch
und denk an Dich

jfw

ich mach mir diesen Tag zum Fest
weil er sich so schön knuddeln lässt
wie DU mit ohne Kleidung an
und ich dich so gut fühlen kann

JR

Verdenkzettelt I

Soeben kommt der Tag auf Trab
und mein Gemüt ins Schwitzen
Gedanken nehmen sich die Zeit
mit DIR am See zu sitzen

wie einst an jenem Frühlingstag
im schönen Wiesengrunde
das Herz schlug heiß und ungestüm
die Turmuhr Mittagsstunde

JR

Verdenkzettelt II

Soeben kommt der Tag in Schwung
und mein Gemüt kann fliegen
Gedanken nehmen sich die Zeit
mit DIR im Bett zu liegen

wie einst an jenem Wintertag
auf warmem Lakengrunde
das Herz schlug heiß und ungestüm
die Kirchuhr volle Stunde

und als der Himmel fragend schaut'
da hatt' ich dich gebeten
komm zieh in meine Vita ein
mit Pauken und Trompeten

JR

WOCHENENDanfang

Der Heutige soll kühler werden
die Spatzen üben Hofkonzert
mein Kopf ist voller bunter Scherben
noch ist der Tag komplett was wert

so kurz nach fünf bin ich fast einsam
mein Cursor flirtet nur mit mir
Gedanken stehen auf gemeinsam
ein wenig sehn' ich mich nach Dir

werd' Dir 'ne extra Schrippe kaufen
beim Essen denk' ich nur an Dich
an einen frischen Himbeerhaufen
mit Dir zu dritt am Frühstückstisch

jfw

ZUGvogelsang

Der graue Himmel ist mir gleich
ich nehm' das Wetter, wie es kommt
bedenk' Dein wunderbares Lachen
die Sonne scheint umgehend prompt

ein nasser Star singt aus der Ferne
dann rauscht der AchtUhrZug vorbei
Duette hab ich manchmal gerne
und summe leise mit dabei

jfw

Endlich

Der Winter hat ins Gras gebissen
und ich mir auf die Zähne
der Mond erinnert mich an DICH
ist manchmal da und manchmal nich
so wie ne Glücklichsträhne

komm machen wir dem Glück Avancen
und der Liebe Licht ans Rad
ziehn die Zweifel über Tische
Gefühle in die Sommerfrische
ach wie schön dass ich dich hab

JR

SONNENtage

Sonnentage sind der Clou
denn mein SONNtag bist nur Du
wenn ich durch die Straßen geh'
und mal trübes Wetter seh'
denk ich an Dich, da scheint im Nu
meine Sonne – die bist Du

jfw

anFREITAG

So sonnig auch der Freitag ist
hab Dich die ganze Nacht vermisst
da ist kein neuer Kommentar
es ist so, wie es früher war
Gedanken wanken hin und her
als ob ich auf ner Schaukel wär'

Dein Platz ist leer
Dein Lachen fehlt
das Stundenglas es füllt sich stets
der Morgen weicht, wie Kaffeeduft
der Cursor blinkt mich bissig an
wer weiß, ob ich noch dichten kann.

Jfw

Bessere Tage

Heut hat der Tag die Hosen an
pflegt seine Eitelkeiten
und ich verzehre mich nach DIR
zwei Viertel Ewigkeiten

bald trägt er schon bequeme Schuh
und unterm Gras da flüstert was
Gefühle ohne Gegenwind
da macht Gedankenfüttern Spaß

JR

Sportliches

Der Morgen treibt es muskulös
beugt seine Knie und liegestützt
die Sonne heizt ihn förmlich an
wie mich – ich hab es ausgenützt

um fit zu sein für DICH allein
da ich dich sehr vermisste
nun hüpft mein Herz wie wild im Leib
und mit dir in die Kiste

JR

NATÜRLICHkeit

Wieder trällern alle Vögel
sind auf's Menscheln eingestimmt
deine Stimme macht mich sinnlich
weil sie mir den Alltag nimmt

meine Skepsis ist von gestern
in mir summt ein Bienenschwarm
weiter wird mein Himmel; heller
halte Dich in meinem Arm

greif' mir eine Pusteblume
flüst're Sonderwünsche drauf
dass das Blümlein zart errötet
nimmt es liebend gern in Kauf

und schon fliegt hin all mein Sehnen
Herzblutbotschaft nur für Dich
bin der Thermik sehr gewogen
sag ganz leis' – vergiss mich nicht

jfw

Zweifelsfalle

Der Tag hat Urlaub
so wie DU
und lässt sich nicht erspüren

das Glück sitzt
in der Zweifelsfalle
hinter sieben Türen

egal wozu
und was ich tu
beginne ich zu hadern

Gefühle kriechen
kalt zu Kreuze
Staub in meinen Adern

JR

Hilfreiches

Der Morgen hat sich krummgelegt
er stupst die Sonne in den Tag
da hat sich tief in mir bewegt
was fast in Überresten lag

manchmal brauch ich DEINE Augen
um mich wieder selbst zu sehn
und dann hilft dein Lächeln weiter
Düsterkeit zu überstehn

JR

amSTART

Da draußen geht es aufwärts
der Frühling spielt Klavier
die Biene will zum Pollenstrauch
und ich will unbedingt zu Dir

hab' viel zu lang gewartet
auf Sonneküsse, Haselstrauch
auf tendenziöse linde Lüfte
auf Dich gewartet hab ich auch

da draußen kann es werden,
dass Wiesen trocken sind
und Dekolletees mich locken
werd' nicht so ganz schnell blind

jfw

Gewesenes

Der Morgen hat sich aufgestylt
und heizt die Sonne an
da hat sich was in mir bewegt
was ich noch stark erfühlen kann

DEIN letzter Kuss
ein weiches Lied
die Heizung summte leis

ich drehte die Gedanken um
den neuen Tag
ins alte Gleis

JR

Verlenzt

Da draußen geht es wohl voran
der Tag hat gute Karten
und ich hab soviel Lust wie Heu
ich mag nicht länger warten

ein Händchen hat mein Herz für DICH
die Nacht gibt grünes Licht
so schau der Mond will hoch hinaus
und schreibt an einem Lobgedicht

Gefühle sitzen wie auf Kohlen
die Lust fast in der Klemme
und wenn du nicht bald bei mir bist
gibts eine Dramaschwemme

JR

baldSOWEIT

Der Wochenendtag macht auf Wärme
und Spatzen schwatzen alle gleich
auf dass der Werktagschufter schwärme
auch Frösche quaken schon im Teich

der Rechner stöhnt aus voller Brust
ein Flieger fliegt nach Schönefeld
ich hab so richtig auf Dich Lust
inmitten dieser Vogelwelt

verpacke mich in wenig Zeilen
verschnüre mich mit Sonnenband
will unumwunden zu Dir eilen
mit Sonnencreme in der Hand

jfw

Zergrübelnd

Der Abend wird sich
so wie ich
die wilden Haare raufen

der Mond beginnt
sich sicher langsam
einen anzusaufen

nur weil DU
wieder mal
kein Zeichen gibst

JR

Umsonstiges

Ins Leere läuft der lange Tag
an seiner Hand ein müder Traum
ein Häufchen Elend das Gefühl
wie welkes Laub vom Apfelbaum

da gibt der Abend sich die Kante
und Mister Moon sitzt tief im Leid
die Nacht schon auf gepackten Koffern
und ich – ich steh mir wieder mal
die große Sehnsucht in den Leib

JR

ZUSAMMENhang

Jetzt kommt die Sonne raus
sie kommt nur, wenn Du kommst
bild' ich mir sofort ein
und wink' ihr zu

der Tag um vier
nun noch vergoldet scheint
ich küss' Frau Sonne bunt
dann kann sie untergeh'n

hab' an der Scheinbar gelehnt
zwei Drittel Lachen getankt
dabei die Locke gerollt
die nicht bei mir blieb

jfw

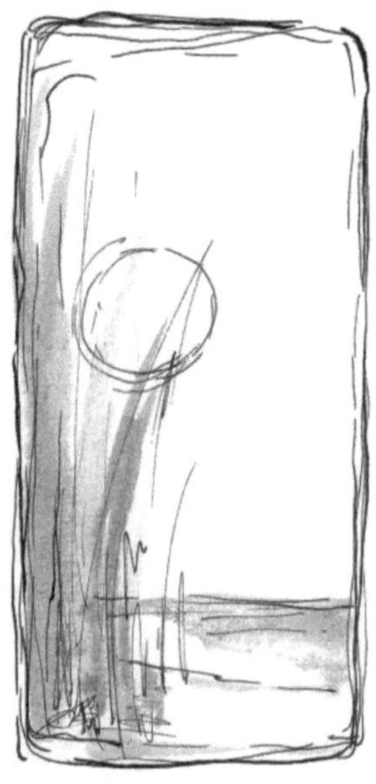

Kopfsache

Den Abend
leg ich an die Leine

Gefühle
für den Hausgebrauch

doch eine Sache
lässt nicht locker

und liegt so gern
auf deinem Bauch

JR

Gedankenmasseur

Die Tage sind wohl schon fein raus
die Nächte hart im Nehmen
der Mond hat einen Schritt am Leib
er sollte sich was schämen

wer geht meinen Gedanken nach
wer setzt sie in Bewegung
DU ziehst ihnen die Kleider aus
versetzt sie in Erregung

JR

andersSEIN

Da hat der Dienstag sich beschwert,
dass jeder Dienst nur ihm gehört
auf das die and'ren er verklag
weil er sein Image nicht mehr mag

er lehnt sich nicht am Montag an
fragt wohl den Mittwoch, was er kann
den Donnerstag streicht er wohl aus
da fühlt er sich auch nicht zu Haus

der Samstag tät' als Name passen
beliebt sei der bei Groß und Klein
am allerbesten wär' der Freitag
dann würde er der Größte sein

doch später vor dem Tagsgericht
da steht er dann, der kleine Wicht
der Spruch ist kurz und knapp, wie fein
nicht jeder kann ein Dienstag sein

jfw

anTRIEB

Mein Tag hat noch `ne blasse Nase
der Spatz putzt schon sein Eigenheim
am Morgen bitzeln noch die Ohren
und mir fällt nur das Eine ein

das liegt wohl an den frischen Trieben
am Wintertiefschlaf der Natur
und an dem langen Grübeleien
hätt' Dich am liebsten hier und pur

ohne alles in den Armen
nur ein Lächeln, was Dir steht
Lenz bringt neue Frischigkeiten
und den „Denk an Dich" Magnet

jfw

Antrieb

Die Sonne hat schon gute Laune
ein Spatz putzt froh sein Eigenheim
wahrscheinlich geht der Tag zum Golfen
und ich würd so gern bei DIR sein

das liegt wohl an den frischen Trieben
am Neuerwachen der Natur
sofort entführn mich die Gedanken
zur Deine-Küsse-Wunderkur

JR

Egal

Ein Miesepeter ist der Tag
und lässt nicht mit sich reden
es ist erst März und noch nicht Mai
belehret er und grinst dabei
da wird sich später was ergeben

so oder so es ist mir gleich
ein Tag der bellt der beißt auch nich
schieß alle Träume in den Wind
wenn WIR zwei nicht zusammen sind
fällt ein Egal unter den Strich

JR

daZWISCHEN

Hab' den Tag nun abgelegt
Sorgen, Nöte machen Rast
in mir flackert die Reklame
die so klar zu Dir nur passt

alter Tag vergiss' die Stunden
schlecht gewoben ohne Dich
hab' die Zeilen Dein gefunden
denkst Du auch so oft an mich

in mir rasen leere Züge
ohne Plan und ohne Halt
Abfahrtszeiten, welche Lüge
Rotsignale blinken bald

Traumpiraten an dem Set
irgendwo singt eine Frau
wenn ich Deine Weichheit hätt'
wär' ich sonderglücklich schlau
jfw

SCHAUnur

Schau nur, die Gänse kommen heimwärts
der Eisstand hat die Luke auf
den Nachbar schrebert es gewaltig
Frau Sonne hat heut' Dauerlauf

die Mutter stöhnt beim Frühjahrsputz
und Vater hält die Fensterleiter
mit frisch erwachter Manneskraft
so meint er, kommt er vielleicht weiter

es bricht der Lenz aus allen Fugen
der Fink hat bald 'nen Sonnenstich
ich pflücke zarte Krokusse
beim letzten Teil denk ich an dich

jfw

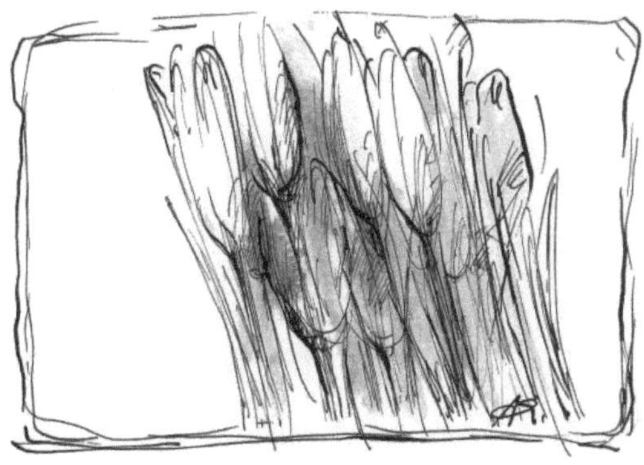

Lieblingshell

Der Tag ist ein gemachter Mann
hat seinen hellen Anzug an
und bittet mich
zum Stündchentee

da musiziert ein Amselpaar
das unlängst wohl noch solo war
und schafft
dass ich DEIN Lächeln seh

JR

Neulich

Der Tag schmeckte nach Himbeereis
das Abendrot lag auf den Wangen
die Übrigwelt blieb ausgesperrt
wortlos im Unwichtig gefangen

da legte sich die Nacht zu UNS
der Blues vibrierte tief im Schoß
ein neuer Wunsch hat sich erfüllt
mit jedem Kuss gar liebesgroß

JR

Verh(t)ütend

Heut hängt der Tag starr in den Seilen
und übt sich wohl in Ironie
das Frühlingsangebot von gestern
ist allenthalben Blasphemie

so stecke ich den Nachmittag
in bunte Hoffnungstüten
und pfeife eine Melodie
entgegen jeder Lethargie
vor Ingrimm mich zu hüten

JR

Glaubliches

Der Morgen streckt die Zunge raus
ich schließe meine Augen
dass ich DICH dennoch sehen kann
heizt all meine Gefühle an
und ist fast nicht zu glauben

denn jede Stunde
die sich schleicht
schiebt mich in deine Nähe
egal wie weit der Weg auch sei
durch dich wird er mir vielerlei
bis ich nackt vor dir stehe

JR

MORGENgruß

Ein Morgen ohne Gruß von dir
erscheint mir grau bei Sonnenschein
kein Scherz gelingt
kein Lachen greift
dann hak' ich diesen ALLtag ab

wenn dann am Horizont erscheint
eine PN oder noch mehr
ein Leuchten füllt mir meine Seele
aus Mon- wird Freudentag ganz rasch
wie schön, wenn meine Sonne scheint.

sogleich entzücke ich die Feder
werf' fleißig Worte aufs Papier
will singen eins/zwei schöne Lieder
schick sie per Traumluftpost zu DIR.

jfw

MONTAGsbild

Der Tag birgt meine Perlentränen
weil unschön ist des Zuges Zug
möcht's nebenbei nur mal erwähnen
bist Du nicht da, ist's schlimm genug

ein Montag im April beginnt
er hat den Alltag rausgesteckt
manch einer singt, manch einer spinnt
wurde nach fünfe aufgeweckt

so geht ein jeder seiner Wege
Blickrichtung Wonnemonat Mai
auf dass das Halbjahr sich bewege
Hauptsache ist, wir sind dabei

jfw

Wie gewollt und nicht gekonnt

Heut lässt der Tag die Flügel hängen
sein Motor brummt mit halber Kraft
das Fräulein Sonne scheint zu schlafen
verlangt denn niemand Rechenschaft

was soll das für ein Frühling sein
der pausenlos nur stürmt und schmollt
ne dicke Wolkendecke strickt
wie nicht gekonnt und doch gewollt

JR

Außer der Reihe

Das Grau des Himmels gibt den Ton
heut an - wer brauch das schon -
da zieht mich nix ins Freie

so lass UNS in der Sauna schwitzen
tropfend beieinandersitzen
mal außer der Reihe

JR

jedenMORGEN

Ein Stück des Wegs begleit' ich Dich
wir hör'n Musik, ich lach Dich an
ne Station vorher steig ich aus
kein Alltagszug bringt mich zurück

die Jahreszeiten flieh'n einander
nur ein Fleck Sonne blinkt verschmitzt
wir sammeln Dichterblätter scheinbar
vom Baum der Poesienatur

jeder Morgen hat den Namen
Deiner Freude eingraviert
Staub weht auf den Bahnsteigplatten
mein Weg zurück scheint endlosleer

jfw

meinVOGEL

Ein STARsolist verzaubert meinen Tag
die Sonne gab ihm seinen Namen
die Straße scheint sonntäglich leer
die Wärme hält sich fast im Rahmen

mein Sänger macht schon etwas schlapp
vielleicht zeigt ihm sich kein Pendant
streck' mich auf meiner Faulheit aus
des Dichters allerliebstes Land

nun ist der Pieper wohl verflogen
zum Nachbarn auf die Wiese
verzussel schnell mein Kurzgedicht
und schick Euch ein paar liebe Grüße

jfw

Wenn doch bloß …

Der Tag macht wieder dicke Backen
hält sich an kein Versprechen
Osterglocken wirken blass
schaffens nicht hervorzustechen

und die Amsel denkt sich leis
wozu dieser ganze Fleiß
sich in Häuslichkeit zu üben

wenn doch bloß
die Sonne schiene
mit frohbunter Frühlingsmiene

JR

Verzückt

Der Morgen hat sich angedimmt
und mit ihm mein Gemüt
die Sonne wurde überstimmt
damit sie sich heut gut benimmt
sie ist seither bemüht

da klopft der Specht mit mehr Elan
am Teich lacht eine Ente
der Himmel wird zu Willen sein
das Tief legt eine Pause ein
und DU küsst mich zu Ende

JR

Das hätten wir

In Zahlung geb ich diesen Tag
mit seinen vielen Zicken
da springt die Amsel im Quadrat
und ich hätt gern nen heißen Draht
zu DIR und deinen Blicken

ein Mann ein Blick ein Kuss und mehr
ohjee wie fehlt mir das
Gefühle ließen Puppen tanzen
erst im Großen dann im Ganzen
und wir hätten Spaß

JR

Verankert

Ich hab den Abend lächeln sehn
als WIR zwei uns trafen
die Zeit legte den Krebsgang ein
wollte kein Spielverderber sein
beim Ankern im Glückshafen

der Nacht hüpfte das Herz im Leib
verhalf dem Mond zu seinem Recht
zu leuchten wie der hellste Stern
Verliebte haben ihn so gern
beim Liebesnahgefecht

JR

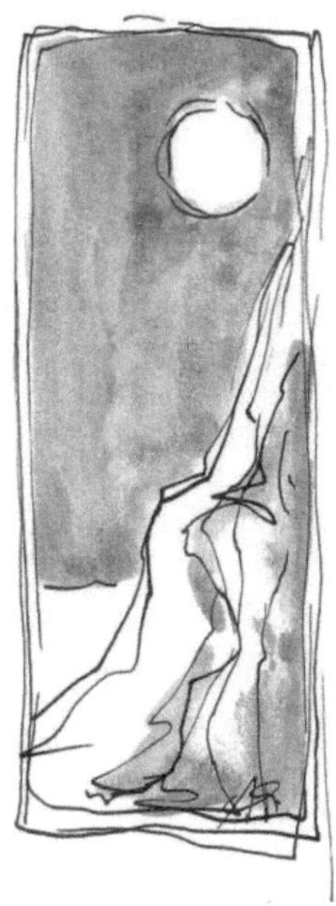

Unbetitelt

Der Tag hat Schleifen heut im Haar
und ich – ich fühl mich sonderbar
wie von der Muse lang geküsst
als ob da was wie Liebe ist

das Rapsfeld trägt nen blonden Schopf
und überm Weiher tanzt die Sonne
da wirft der Lenz die Sorgen ab
in eine seesackdunkle Tonne

JR

Lebensfröhlich

Heut kam der Tag kurzärmelig
ein Storchenpärchen neckte sich
im Flieder war der Teufel los
als Spatzen stritten rigoros

der Himmel war ein Musterknabe
blauweißblau - Tupfendesign
da hat mein Herz sich groß gemacht
und sich an DEINES rangelacht
schneekönigliches Freun

JR

Ergreifend

Der Morgen ist längst übern Berg
mit meiner Müdigkeit
da klopft der Samstag an die Tür
und ein Kaffeeduft zieht zu mir
in die Ergriffenheit

die Sonne stürmt die Jalousie
und läuft zur Hochform auf
sie hat mich zahlreich angelacht
es ist fast wie – hab ich gedacht -
ein Sommervorverkauf

JR

Zweifach schön

Mit Kusshand nehm ich diesen Tag
der Morgen lacht durchs Fensterglas
die Sonne hat die Nase vorn
und einer zwitschert immer was

im Radio spielt unser Lied
der Kater zieht die Krallen ein
und DU liest aus der Zeitung vor
wie schön ist es bei dir zu sein

JR

meinMORGEN

Der Tag hat alles in der Tüte
so ein Kalkü(h)l mit Sonnenschein
es ist April, du meine Güte
da muss es was Gemischtes sein

mein Schlaftier wurde wach im Nu
das ist ja fast so weich wie Du
mir fällt das ein, ich denke froh
vielleicht geht es Dir ebenso

am Morgen vor der Tür, 'ne Maus
sie trägt was fleißig in den Bau
ich träumte grad vom Treckerfahr'n
und ohne Frühstück is mir flau

jfw

meinSONNTAG

Mein Sonntag schmeckt nach Himbeereis
und riecht nach warmem Rasen
halt mich vom Grün etwas zurück
die Allergie macht dicke Nasen

die Sangesbrüder werben früh
ein jeder braucht ne Braut
wenn sie was von Musik versteht
er flugs ein Nestlein baut

ein später Flöter singt vor'm Haus
ne selt'ne Partitur
ich seh' das kleine Wiesenstück
denk' mir, wo ist sie nur
jfw

Ohne Ende

Wie geschmiert lief dieser Tag
der Abend ließ den Korken knallen
Gefühle waren gleich beschwipst
und ließen sich aufs Laken fallen

DEINE Küsse - Kopfverdreher
Atemräuber - deine Hände
Lockerseher - Blindversteher
Aufsganzegeher ohne Ende

JR

Vorschönes

Heut ist der Tag sanft wie ein Lamm
und mauerblümchenzart
er schenkt der Muse einen Kuss
süß wie ein Himbeertortenguss
vorsommerschöner Art

mit diesem Tag bin ich perDu
kein Krach im Hinterhaus
und Schatten tanzen mit dem Wind
wo Felder windberädert sind
luftiger Höhenrausch

JR

Jo Mai ...

Der Tag trägt einen Sonnenhut
und döst im Liegestuhl
Schwalbennester sind vermietet
Obstbaumblüte überbietet
alles obercool

da hat der Mai
ich will es hoffen
sich beinah selber übertroffen
und meine Laune jubiliert
als wär der Sommer einmarschiert

JR

Mein Gefühl

Schön wie die Sünde ist der Tag
ich habe DICH auf dem Radar
und mein Gefühl ist spitz auf dich
so wie das schon vor Jahren war

es spielt so oft den wilden Mann
mich dabei an die Wand
dann hat es fast kein Sitzfleisch mehr
doch mich fest in der Hand

dann ist es wie von allen guten
Geistern wohl verlassen
haut gehörig auf den Putz
und ich kanns nicht fassen

JR

Halbbetrübtes

Heut ist der Tag nur halber Kram
und nicht der Rede wert
die Sonne fühlt sich chancenlos
fremd und so unbegehrt

dabei ist es doch Mai
und jede Amsel
froh und frei
die Buche wirbt mit einem Grün
das möchte man sich überziehn

über die Augenlider
da meldet sich der Flieder
zur Stelle und zu Wort
welch schöner Farbakkord

JR

Abgekummert

Bisher
ist dieser Tag als Masse
eine farblostrübe Tasse

buchstablos der Kaffeesatz
DU alleine
bist ein Schatz

und mein Kummer hat
– Respekt –
sorgenpfundig abgespeckt

JR

Maidespot

Kein guter Kern steckt in dem Tag
mit den gestrengen Herren
die Schwalbe überlegt gar schlau
im frisch bezognen Fachwerkbau
den Höhenflug zu sperren

ein Sturm lässt seine Künste spielen
das Thermometer meutert
die Gartenfee ist schier entsetzt
sie hat die Kräfte unterschätzt
und fühlt sich ausgebeutet

JR

Morgenmalig

Der Morgen gab ein Hofkonzert
mit seinen Zwitscherknaben
da kam die Sonne langsam rauf
und knöpfte ihre Bluse auf
was soll man dazu sagen

dem Himmel wurd' gar schummerig
er lief rot an
flüchtete sich
hinter die Wolkenschäfchen
dort machte er ein Schläfchen
und ich
ich dacht' an DICH

JR

Unverhofft

Heut ist der Tag mit Glück bestickt
ein Täubchen hat mir zugenickt
im Flussbett tummelt sich Getier
und mein Gefühl weilt längst bei DIR

der Himmel hält sich noch bedeckt
hat kurzer Hand das Blau versteckt
doch kratzt mich das mitnichten
und hält mich auch nicht ab
vom Dichten

selbst wenn der Zeitgeist bockig ist
die Ampel wutrot blinkt
da fällt mir soviel Unser ein
das mich in Stimmung bringt

JR

mittwochMORGEN

mittwochmorgen, grad erwacht
Sonne gibt sich eher bedeckt
hat ihr Strahlen wohl versteckt
und ich denke – kein Pläsier
ihr geht's sicher so wie mir

jfw

Unzähliges

Heut schickte Frankreich uns ein Hoch
die Sonne flocht es sich ins Haar
da gab ein Traum mir einen Kuss
als ich noch schlafbetrunken war

es hat der Morgen rosaduftend
seine Pforten aufgeschlossen
und das Lächeln DEINER Liebe
zählte meine Sommersprossen

und ich ging ein Stück des Weges
Hand in Hand mit deinem Mut
und im Weltbild meines Herzens
wurd am Ende alles gut
JR

Oberfieses

Süßholz raspelt dieser Morgen
er kennt keinen Brückentag
und so quält mich heute wieder
Weckers fieser Glockenschlag

um Punkt sechs ohne Erbarmen
seufzend noch in DEINEN Armen
lagen wir am weißen Strand
mitten im Gedankenland

JR

Herr Cooles

Ein großes Mundwerk hat der Tag
und viel zu coole Sprüche
die Sonne auf dem Wolkensims
ahnt schon Luntengerüche

so langsam zieht sie sich zurück
da kann sie nur verlieren
doch ich genieße diese Zeit
im Beet auf allen Vieren

JR

Vorfreudig

Heut liegt dem Tag die Poesie
die Lust schlüpft keck ins Sommerkleid
sie tanzt wie eine Nymphe
traumleicht und ohne Strümpfe
in meine Phantasie

da merkt mein Glück sich
DEINEN Namen
fällt ungewöhnlich
aus dem Rahmen
in schlichte Euphorie

JR

Zusammenhalt

Was hält uns beide wohl zusammen
hab ich den Traumportier gefragt
am Ende hab ich mich gefunden
mit dir an einem Wochentag

da schlug das Herz in Bluesfrequenz
als Notenpaar sind wir liiert
da hat sich meine Welt verschluckt
und mir klammheimlich gratuliert

JR

Sonntastisch

Der Tag ist ein Naturtalent
der alle meine Wünsche kennt
er lässt die Sonne Sieger sein
der Wind hat den Erlaubnisschein
und mittendrin nicht nur dabei
da fühle ich mich schwalbenfrei

die Fantasie hat leis gelacht
ne Glücksrakete mitgebracht
da war ein weißer Elefant
hat meinen Status gleich erkannt
und trug UNS beide irgendwie
ins Land der Orientalmagie

dort haben wir uns müd geliebt
als ob es das nie wieder gibt
die Wolken waren pink und schön
sie schienen beinah still zu stehn
wie dieser Chronometer dort
an jenem wunderblauen Ort

JR

Unbesorgtes

Der Morgen gibt mir Rätsel auf
kein Hahn der nach uns kräht
der Himmel döst im Vollzeitgrau
da wird dem Magen megaflau
wie dem Gefühl
das Däumchen dreht

ein Wort ein Zeichen irgendwas
DU schweigst in sieben Sprachen
da ist des Tages Lack wohl ab
und alle Hoffnung macht schon schlapp
zusammen
was zu machen

JR

Grause(e)lig

Heut lässt der Tag uns keine Wahl
er hält sich stur bedeckt
so wie der Himmel
mausegrau
keine Verrücktheit weckt

dafür kann ich DEIN Lächeln sehn
wann immer ich es mag
ich werd' ihm eine Nase drehn
und schnurstracks aus dem Wege gehn
dem grause(e)ligen Tag

JR

Abtrainiert

Der Tag hat keinen Trainingsplan
der Terminus lautet Verzicht
da legt sich jede Falte quer
auf meinem Sauertopfgesicht

wo ist der Juni letzter Jahre
wo der Wärme Leichtigkeit
wo das überfrohe Lachen
einer Sommerwiesenzeit

keine müde Maus legt sich
zu den Erdbeeren aufs Feld
keine Sonne streichelt mild
Muskelschwund am Himmelszelt

JR

Weißt du noch …

Der Nachmittag hatte Format
die Freude schob sich unters Kleid
mit DIR und dieser Nacht allein
der Regen schauerte vor Neid

er war versucht was aufzuschnappen
er lief die Fensterscheiben ab
und der Rhythmus deines Herzschlags
brachten ihn und mich auf Trab

JR

Bittend

Heut hat der Tag zwei linke Hände
und keine Fantasie
DEIN Lachen fehlt mir überdies
so geht es mir ein bisschen mies
nicht nur in grauer Theorie

der Regenbogen ist schwarzweiß
da kann doch was nicht stimmen
der Himmel blass und ungesund
Gefühle kommen auf den Hund
und me(e)rheitlich ins Schwimmen

komm her und geh mir nahe
ich flüstere dir was
du bist kein Ach und bist kein Weh
ich liebe dich bis übern Klee
auf sommerwarmem Gras

JR

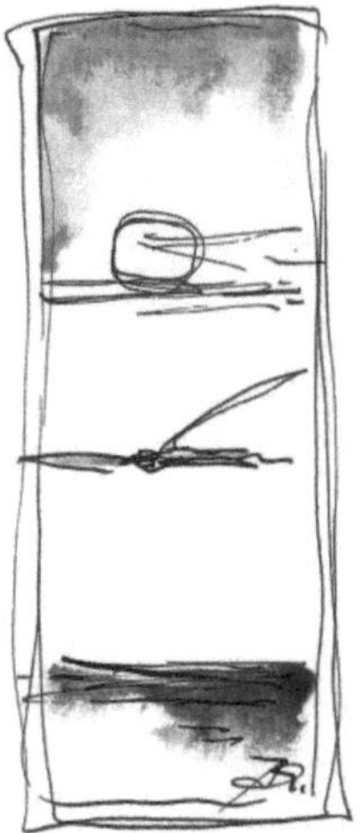

Geschneidertes

Der Morgen näht ein Sommerkleid
mit Spitze zart umsäumt
ein Rückenfrei am Oberteil
das wohl die Sonne bräunt

sie steht schon in der Poolposition
und wartet auf den Pfiff
so gibt sie diesem Exterieur
den letztbrillanten Schliff

JR

Befüllend

Der Morgen züchtet warme Stunden
im Windspiel spiegelt sich das Glück
daran kann man Gefallen finden
vielleicht gelingt ein Meisterstück

da hört der Tag die Freude wachsen
schiebt gute Laune in den Schuh
sie füllt den Toner meiner Seele
und sperrt die Sorgentruhe zu

JR

Zu Gast

Heut will der Tag Gastgeber sein
er lädt den Sommer zu sich ein
und der
packt seine Koffer aus
fühlt sich beinahe wie zu Haus

die Flora stolzt mit vollem Haar
die Kinder lachen lausbubklar
und nur der Wind
der bläst sich auf
doch Schmetterlinge fliegen drauf

JR

Abfrusten

Den Laufpass geb ich diesem Tag
ohne ein Wimpernzucken
der Regen trommelt aufs Gemüt
kein Lachen das mir heute blüht
wenn dicke Felle jucken

da hoff ich auf ein Wiedersehn
mit DIR und deinen Späßen
und voller Kanne Heiterkeit
bin ich zu jedem Deal bereit
den Frustberg abzufräsen

JR

Ausufern

Der Tag grinst wie ein Primeltopf
er hat sein Glück gemacht
komm lass UNS unter Segel gehn
auf selber Wellenlänge stehn
mit großer Freudenfracht

das Glück winkt uns vom Ufer zu
die Lust surft elegant
Gefühle gleichen sich aufs Haar
sie sind unglaublich aber wahr
und selten bei Verstand

JR

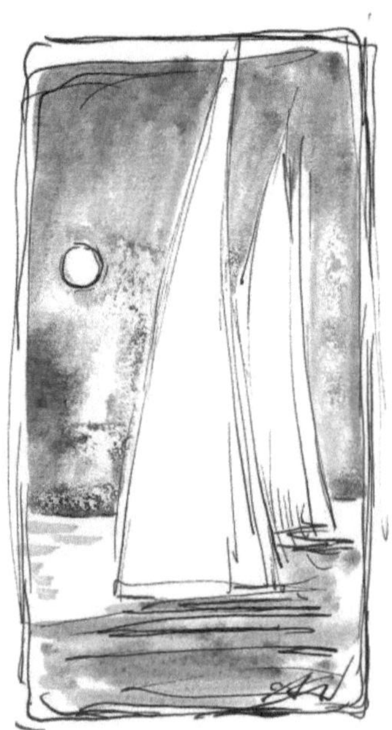

Zu dir

Gedanken vollgestopft mit DIR
und all den süßen Stunden
der Nebel hält die Tage fest
und gleicht schier einem Härtetest
vom Teufel wohl erfunden

da sticht der Hafer mein Gemüt
das Herz will Amok laufen
ein Traum hat leise mitgedacht
er lässt mich beinah jede Nacht
in deinem Arm verschnaufen

JR

Fernab

Der Morgen ist ein kalter Fisch
er bläst ins Nebelhorn
die Möwen schreien in der Früh
fast klingt es wie Melancholie
uns drängt der Tag nach vorn

so trotzen WIR dem Nebelgeist
der Küstenpfad ist lang
mit Energie im Wanderschuh
der Vier-Personen-Feriencrew
geschieht nichts unter Zwang

dem Tagebüchlein schwillt die Brust
die Kamera läuft heiß
bei schönster Aussicht auf das Meer
da bleibt kein Herzenswinkel leer
da stöhnt nicht mal der Schweiß
JR

Gesponnenes

Der Tag steht mit den Hühnern auf
heut ist er guter Dinge
er will sogleich zum Kuckuck gehn
und nach der trägen Sonne sehn
mit einer Lassoschlinge

so bindet er den Feuerball
an eine freie Stelle
im Universum
grad ums Eck
sie scheint von dort
auf jeden Fleck
als Sommerhitzewelle

JR

So komm

Die Sonne winkt den Tag heran
er klopft sanft an die Tür
mit Wärme in der Hinterhand
ist er ein Sommerkavalier

so komm auch DU
zu mir herein
streif dir die Sorgen ab

lass den Gefühlen ihr Geschick
gehn sie durch dünn
dann auch durch dick

und unsre Lust
wird niemals knapp
JR

Schnuppe

Der Morgen blass und ungeschminkt
kommt nicht recht aus der Hüfte
die Schwalbenkinder sind schon groß
sie fliegen gänzlich anspruchslos
begeisternd durch die Lüfte

ach könnt ich solch ein Schwälbchen sein
dann flöge ich zu DIR

wir schnäbelten die meiste Zeit
in wilder Unablässigkeit
unter ner Scheunenkuppe

ob Regen oder Sonnenschein
mit dir in einem Nest allein
wär mir das Wetter schnuppe

JR

Das Beste

Heut holt der Tag das Beste raus
die Schmetterlinge kichern leis
das Sommerbeet trägt hellen Glanz
verdient sich einen Lorbeerkranz
die Sonne liefert den Beweis

so kann ein Samstag Spitze sein
am Ruder bleiben obendrein
und niemand kehret ihm den Rücken
ein schieres HausundHofEntzücken
so ist es schön - daheim

JR

Viel lieber

Der Morgen hockt im Regencape
auf einer langen Bank
und schiebt den Sommer vor sich her
als ob der jemand Fremdes wär
es macht ihn müd und krank

viel lieber tanzt er mit der Sonne
hat Gold im Mund zu jener Stund
oh ja das wäre volle Wonne
und dieser Tag - er liefe rund

JR

Ningelig

Die Sonne gibt dem Tag die Sporen
das Blühen hat Hochkonjunktur
im Park ne Kindergartengruppe
ist froh dem Sommer auf der Spur

doch
meine Ungeduld schlägt Wurzeln
meine Nachsicht laut Alarm
meine Träume ausgemustert
mit der Hoffnung unterm Arm

JR

Zeitgefühl

Der Abend tanzt in Sonnenshorts
am Horizont leis mit dem Wind
Flamingoschwärme ziehn vorbei
man spürt des Urlaubs Munterei
dass er das Zepter übernimmt

das Zepter dieser schönsten Zeit
sie lässt Gefühle blühen
sie hält Erholung pur bereit
voll sinnlicher Gelassenheit
und wird UNS heiß durchglühen

JR

HERBSTsonate

Und die Fenster sind zu
und der Wind kommt herein
und ich kann hier nicht weg
und ich fühl mich allein

seh den Drachen hoch steigen
seh am Abend den Mond
seh die Zeiten hinjagen
seh von alldem ein Stück

und die Flamme wird kleiner
und mein Singen wird leis
und ich dreh meine Hände
und verspiele das Glück

jfw

Herbstschön

Aus jedem Knopfloch schaut der Herbst
er lässt es richtig krachen
mit Nüssen die vom Baume fallen
UNS aufs Dach und dabei knallen
doch sich nix draus machen

morgens holt der Igel sich
kalte Füße so wie ich
wenn ich auf dem Bahnsteig steh
und der Lok entgegen seh

und so kuscheln Maus und Mann
sich am Abend - wer das kann
eng an seinen Liebsten an
und das ist das Schöne dann

JR

Vorteilhaft

Heut steckt der Tag den Rotstift weg
der Himmel zählt die Geigen
er reibt die Sonne spiegelblank
dem letzten Schmetterling sei Dank
tanzt mit dem Wetterfrosch nen Reigen

und DU zeigst mir den Heimvorteil
zu kuscheln ohne End
denn dafür hast du ein Talent
das weltweit
keinesgleichen kennt

JR

Kurzum

Der Morgen ist pastellisiert
ein Krähenschwarm putzmunter
ihn lockt das Feld mit frischer Saat
gleich einem Werbespruchplakat
so stürzt er sich herunter

und mein Gedanke hin zu DIR
stanzt mir ein Lächeln ins Gesicht
und wieder steht auf hellem Grund
ein bleigestiftet Kurzgedicht

JR

Handsaatgut

Heut ist der Tag ein Kinderspiel
grinst über alle Backen
ein Süßklang dringt durch wilden Wein
der wird bald purpurrötlich sein
mit Blätterfallattacken

so grab ich meine Sehnsucht um
und lockere die Zügel
die neue Saat scheint aufzugehn
Entbehrungen zu überstehn
und manche Seelenprügel

JR

stückWERK

Ich lege Gruß auf Gruß an diese Stelle
wie der Sand verliert sie die Kontur
mit der Zeit
und die Lust kratzt sich am Hinterkopf

außer Lesen nichts gewesen
viele Briefe zugeklebt
hinter wunschverträumten Türen
Hüpfekästchen Legoland

die Gedichtluft wird nun dünner
Langeweile paradiert
und am Waldrand meiner Tugend
seh' ich Kräftekahlschlag

unverhofft

jfw